30 dias de Mandala Terapia

Seja mais criativo e feliz

Através da Arteterapia

30 dias de Mandala Terapia

Seja mais criativo e feliz
Através da Arteterapia

David Xavier de Carvalho

Criação: David Xavier de Carvalho

Edição e revisão: Katia Iseri Gil

Design e diagramação: Julio Cesar Gritti

Dados Internacionais de Catalogação na Publicação (CIP)
(Câmara Brasileira do Livro, SP, Brasil)

```
Carvalho, David Xavier de
    30 dias de mandala terapia : seja mais criativo
e feliz através da arteterapia / David Xavier de
Carvalho. -- 2. ed. -- São Paulo : Ed. do Autor,
2023.

    ISBN 978-65-00-76662-2

    1. Arteterapia 2. Mandala - Uso terapêutico
3. Terapia alternativa I. Título.

23-166987                                    CDD-203.7
```

Índices para catálogo sistemático:

1. Mandalas : Uso terapêutico   203.7

Aline Graziele Benitez - Bibliotecária - CRB-1/3129

Introdução

Sobre o livro de MANDALAS.

Hoje, mais que uma honra, é um dever; escrever, desenhar, explicar sobre mandalas, busco gerar informações, fatos e associações benéficas e reais do que elas são capazes de fazer, saindo até mesmo das explicações "místicas" e todos os mitos e crenças que foram criadas em seu entorno, e ATRIBUINDO o devido valor Terapêutico, que elas possuem, diria que:

As mandalas, são uma maneira de nosso inconsciente se reorganizar, se reestruturar, seja cognitivamente ou em nosso ser mais profundo, em sua estrutura (as mandalas) são inicialmente "símbolos" ou códigos de acessos ao nosso "código fonte" (inconsciente), permitindo que CONTEÚDOS, sejam acessados com o uso e recurso da ARTETERAPIA através das MANDALAS, conteúdos esses que, muitas vezes estão DESFRAGMENTADOS sem acesso, guardados e podendo provocar TRAUMAS e PADRÕES repetitivos de COMPORTAMENTO;

Por isso digo que seja através de pintá-las já prontas, ou desenhá-las, em todas as frentes e fronteiras que a ARTE permitir, esculpindo, mosaico, arte efêmera, tecendo, modelando, não importa; de todas as maneiras as mandalas auxiliam na "manutenção" e preservação cognitiva do indivíduo.

Auxilia em tratamentos mais específicos como patologias degenerativas, Alzheimer, demência, sequelas de derrames.

Contribui diretamente na memória, concentração ou uma evolução mais "lenta" dos sintomas de quadros patológicos.

Da maneira que for, as mandalas têm o PODER de nos AUXILIAR a encontrar um CENTRO, e uma vez acessado este centro, somos capazes de CRIAR uma vida ainda mais SAUDÁVEL, PRÓSPERA e ABUNDANTE.

Acredito que pela SINCRONICIDADE e OPORTUNIDADE deste livro chegar até suas mãos de alguma forma, gostaria de PEDIR gentilmente que se PERMITA pintá-lo (vivenciá-lo).

Seja com lápis, aquarela, guache, canetinhas, com padrões de cores, sem padrões de cores, cores aleatórias, com sombreado, sem sombreado, não importa;

Somente deixe a criatividade fluir e as possibilidades serão infinitas.

P E R M I T A - S E.

ÍNDICE

EXEMPLOS

30 DIAS

Prefácio

A Mandala tem sua origem no círculo. E o círculo é o princípio, a potência, onde tudo está em potencial!

O círculo representa a Totalidade, o espaço do Sagrado, a ligação do homem com o Cosmos, de onde viemos e para onde voltamos. Ele exprime o sopro da divindade, sem princípio nem fim. Ele indica a totalidade do Self.

É evidente a busca do Homem pelo equilíbrio e pela harmonização interna e externa.

A presença desse símbolo em nossas vidas é incontestável, a criação do Universo, o sistema solar, o planeta que habitamos, a nossa concepção, o nosso desenvolvimento no ventre materno, nossas células, tudo é circular, tudo têm lindas e fascinantes formas mandálicas, em todos os reinos, mineral, vegetal e animal, confirmando sua importância e valor.

Portanto, como bem escreveu David, autor deste livro, a Mandala promove uma organização interna, a conexão com o Divino, com a cura, o desenvolvimento, a expansão para se chegar a um propósito.

Os mestres, na sabedoria milenar, ensinam que a Mandala tem a finalidade de transformar tudo aquilo que é um caos em ordem. Ela nos ajuda a sair de um estado de confusão para a clareza.

Carl Gustav Jung, importante psiquiatra suíço, no início do século XX, foi o responsável pela utilização da Mandala como recurso terapêutico. Jung, como era chamado, encontrou nas mandalas o seu ponto de equilíbrio num momento delicado de sua vida.

Ele havia deixado a vida acadêmica e estava entrando em estado depressivo quando começou a desenhar círculos, que até então não conhecia como "Mandala".

Ele observou que esses desenhos traziam uma ordem interna e uma sensação de bem estar, assim como também traduziam o seu estado mental.

Depois de um tempo ele descobriu que esses desenhos tinham o nome de Mandala e que nas tradições religiosas, indianas, significava centro e, ao mesmo tempo, circunferência.

Jung dizia: "A Mandala possui uma eficácia dupla: conservar a ordem psíquica se ela já existe, restabelecê-la se desapareceu. Nesse último caso, exerce uma função estimulante e criadora."

Posteriormente, Joan Kellogg, arteterapeuta americana, também no século XX, baseada no trabalho de Jung com mandalas, desenvolveu um trabalho com doentes psiquiátricos por 30 anos. Trouxe grande contribuição para o olhar da mandala como um recurso terapêutico.

Susanne Fincher, também arteterapeuta americana, colega de Joan Kellogg, escreveu e publicou o trabalho da própria Kellogg no livro "A autodescoberta através das Mandalas", onde relata de forma profunda a Mandala e suas propriedades terapêuticas.

No Brasil, a psiquiatra alagoana, Dra. Nise da Silveira, usou a arte e as mandalas para tratar doentes psiquiátricos, pois era totalmente contra os tratamentos existentes na época a base de violentos choques.

Este livro, criado e escrito, desenhado, brilhantemente por David Xavier de Carvalho, com sugestões de mandalas diárias para pintura, será um mergulho maravilhoso no inconsciente ativando o observador interno para questões que precisam ser vistas e reordenadas, possibilitará o contato de imagens internas que fluirão naturalmente do inconsciente para o papel em belíssimas manifestações cromáticas.

Sendo assim, cores serão suscitadas durante a pintura, dentro do caminho e necessidade do praticante, e as formas dialogam com os símbolos do inconsciente e, nesse momento, surgirá uma manifestação de conteúdos internos que contam sobre a pessoa, que revelam onde ela está e como ela está.

Isto tudo, facilitado pelas perguntas sugeridas que David propõe, após a pintura, será um convite para o olhar a si mesmo, identificando qual caminho deve seguir para reconhecer seus padrões internos.

A emoção será essencial, trazendo a energia necessária ao processo do desenvolvimento psíquico, ressignificando conteúdos e metas de vida, pois tudo tem um propósito.

Veja!! Você é um ser único, incomparável e merece encontrar em si mesmo toda sua potência e beleza, e as mandalas te ajudarão a chegar mais perto do que é mais verdadeiro em você mesmo!

Muitas vezes, precisamos viver o caos para chegar a um equilíbrio e a vida é repleta de ciclos, com idas e voltas na espiral da evolução e, este livro, te levará a este caminho, então explore, pinte, conheça, experimente, aprofunde, observe, escreva e assim expande, transforme a si mesmo.

É sempre lindo o processo de um ser humano que se conhece e se encontra na sua verdadeira essência!

Vamos começar?

Parabéns David, por este lindo caminho de criação para trazer seres mais realizados e felizes neste mundo, com certeza as mandalas contarão muitas histórias especiais!

Maria Cristina Anauate,
Terapeuta Ocupacional,
Especializada em Arteterapia
focada na Neuroplasticidade para
prevenção e tratamentos
neurológicos, pelo IPq-HCFMUSP.

Agradecimentos

Acabei de ouvir de minha esposa, parceira e sócia:

"Seja sucinto nos agradecimentos pois é uma parte "chata" de todos os livros".

Seguindo mais uma vez seus conselhos e sabedoria, procurarei não me prolongar nos agradecimentos, se é que isso é possível... e começo agradecendo a ela mesma, **Katia Iseri Gil,** por toda essa parceria, amizade, carinho e AMOR, com que fez as revisões dos materiais tanto dos cursos quanto desses dois livros que estão sendo lançados simultaneamente, e também todos os e-books que foram anexados aos cursos e workshop dessa mesma temática, foram horas, horas e horas dedicadas a leitura e revisão, muito grato por isso, gratidão por aceitar partilhar essa jornada.

Gratidão por aceitar e investir o SEU TEMPO nessa estrada do Expandir, transformar, co-criar, e agir... afetando positivamente nosso entorno.

Agradeço por me INCENTIVAR e não me deixar desistir, por aguentar meu "perfeccionismo", e por todo o apoio ao longo do projeto!

GRATIDÃO POR EXISTIR!!!

Não podem faltar agradecimento aos mestres e mestras ao longo dessa jornada, e não foram poucos os que me incentivaram... que me ENSINARAM...

Gratidão **Maria Cristina Anauate,** por todos seus ensinamentos na área de ARTETERAPIA e mais grato ainda pela amizade e a mão generosa estendida quando foi necessário, uma honra ter você como referência nessa área.

LADP gratidão pelo apoio, gratidão por acreditar e ter apostado em mim.

Gratidão ao Designer dessa maravilha que vocês tem em mãos agora, o Sr. **Julio Cesar Gritti,** pela paciência e dedicação, gratidão, por dar o seu melhor nessa empreitada.

Sucinto ou não... chato... ou divertido.. não poderia deixar de agradecer a todos que fizeram parte dessa realização!

Não posso deixar de agradecer a amada felina **Pandora,** que por diversas e diversas vezes, fosse durante o dia, ou nas madrugadas, se deitou sobre os desenhos das mandalas, na mesa de desenho, ou em meu colo, hora incentivando hora determinando a hora de parar. Gratidão pela parceria "Pandorinha"!!!

Que o fazer, o realizar, possa servir de exemplo e incentivo ao meu filho Vinícius, para que ele seja capaz de perceber, que para fazer algo, o que quer que seja, só precisamos (sempre!) dar o primeiro passo.

Gratidão, gratidão, gratidão à todos.

P.S I – Tenho que agradecer minha ancestralidade, por abrir caminho e me permitir que eu chegasse até aqui, somente por e através de vocês, isso é possível.

P.S II – aos familiares mais próximos, gratidão por me mostrarem onde e o que **não fazia** e **não faz** parte do meu caminho, da minha jornada. Sem o exemplo de vocês, jamais teria conseguido chegar até aqui.

Sobre o Autor

Meu nome é David Xavier Carvalho.

Hoje aos 46 anos, atuando como Ilustrador, Artista Plástico, Fotógrafo, Designer, TERAPEUTA, percebo que as mandalas tiveram e têm um papel fundamental em minha própria história.

Posso contar que, desde os 13 anos, momento em que vi e peguei uma mandala pela primeira vez, digo que, o encantamento e, claro uma série de perguntas, ocorreram de imediato...

Mil perguntas, mil ideias, mas uma principal, permaneceu e permanece até hoje;

COMO ENTENDER e **DECIFRAR** o que as mandalas significam e acessam em *NOSSO SER,* nosso inconsciente.

Foi então lá pelo ano 2000, hoje, há mais de 22 anos, as mandalas (re-)surgiram em minha vida, dessa vez em definitivo.

Desde então, me dedico a estudar, todas as linhas possíveis e imagináveis para entendimento das mandalas.

Saber das histórias, origem, quem, quando, sempre foi uma curiosidade e uma busca.

Encontrei a neuropsicologia da arte pelo caminho, o que me ajudou a entender e dar um ar mais CIENTÍFICO e metodológico para as mandalas.

Até que desenvolvi, minha metodologia de criação e interpretação das mandalas.

Atualmente, ministro workshops, palestras e cursos a respeito do assunto, além de utilizá-las como recurso terapêutico.

Hoje posso dizer que já confeccionei quase todo tipo de mandalas, que vão desde lã, mandalas em forma de "filtro dos sonhos", mandalas efêmeras feitas com folhas e tudo mais da e na natureza, mandalas conhecidas como "ojo del dios", mosaicos, colagens.

Na Fotografia melhorei meu olhar através das mandalas, seja buscando suas formas e repetições ou até mesmo aprendendo a olhar e encontrar estes padrões na NATUREZA.

Enquanto Artista, no geral, as mandalas me abriram o olhar para um novo caminho.

Na posição de TERAPEUTA, encontrei formas SISTÊMICAS, padrões de comportamentos, modelos cognitivos usando e aplicando as mandalas como ferramenta;

Terráqueo, humano que sou, acredito ter encontrado mais uma forma de atuar na missão de contribuir positivamente com o entorno.

Exemplos

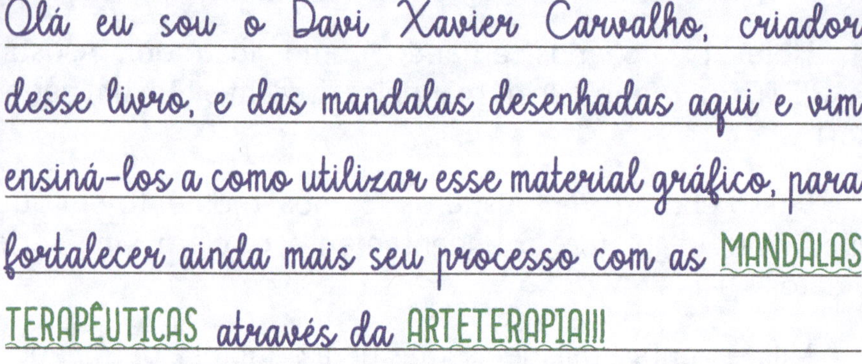

Olá eu sou o Davi Xavier Carvalho, criador desse livro, e das mandalas desenhadas aqui e vim ensiná-los a como utilizar esse material gráfico, para fortalecer ainda mais seu processo com as MANDALAS TERAPÊUTICAS através da ARTETERAPIA!!!

1) antes de todas as mandalas, vocês encontrarão o mesmo modelo de folha para anotações e "quadro de memórias coloridos";

2) a ideia é que esses espaços sejam utilizados como MATERIAL de apoio terapêutico e você o utilize para anotações e pensamentos relativos ao momento em que está utilizando as mandalas, desde a hora que as veja até o momento final da pintura;

3) faça anotações de tudo, até mesmo das coisas que podem parecer irrelevantes, coisas como:

- como estava se sentindo antes de iniciar a pintura;

- como se sentiu DURANTE a pintura;

- Quais sentimentos e sensações apareceram;

- quais sentimentos surgiram ao usar determinadas cores;

Dia XX

Dicas:

Use esses espaços para anotações rápidas:
- como palavras
- sentimentos
- sensações

Por exemplo:

- Lembrança Positiva "Infância!!!"
- Senti um leve desconforto nessa cor
- fiquei agitado

Use como quiser e se sentir à vontade!

LEMBRE-SE
DIVIRTA-SE

O caminho para o auto conhecimento deve ser o mais Leve e Prazeroso possível!

- se surgiu alguma memória;

Como que Já disse, anote tudo! Pois todos os conteúdos que surgem, são de extrema importância, para a análise e entendimento dos conteúdos acessados através do recurso da arteterapia, Através das Mandalas terapêuticas.

Vou deixar você por aqui, creio que já falei demais;

Eu desejo que esse material te auxilie na busca e realizações, dos anseios mais básicos de todos nós Seres Humanos, a busca pela compreensão e entendimento de:

- Como ser feliz;

- Quem somos;

- Quais nossos propósitos de vida;

Um grande abraço fraternal a todos/todas!

Caso queiram partilhar essa experiência comigo, sinta-se à vontade para entrar no site: Metodoetca.com.br

Me sentirei muito feliz e honrado em receber seu contato.

Davi

Vamos começar os exercícios deste livro com uma mandala muito especial que vai te ajudar a iniciar as pinturas das outras mandalas...

Aliás... uma dica importante aqui, é que, pinte essa mandala com as cores que vou te sugerir,

E são essas cores:

Pinte com as cores indicadas, na ordem que desejar, e sentir vontade, lembrando que **Não** existe certo nem errado, e **Caso** queira mais informações, após pintar essa mandala inicial, a respeito do porque da sugestão de cores... em meu blog e site, explico a razão e dou maiores detalhes sobre o assunto.

Um grande abraço,

Bom início de jornada.

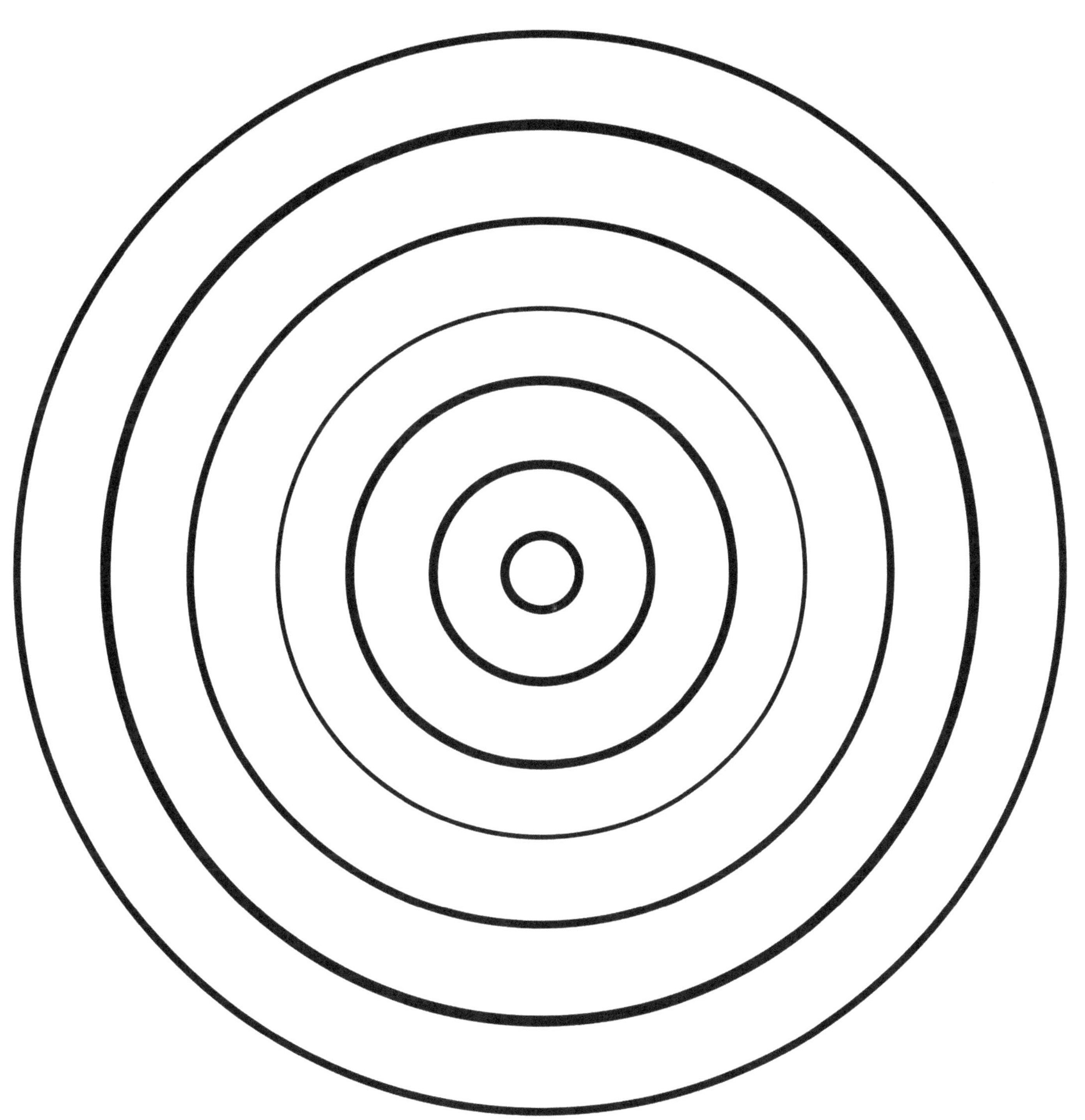

Dia
1

O que te desperta Felicidade?

Dia
1

Quais são os principais gatilhos para que sinta Raiva?

Dia 2

Quais são os principais gatilhos para que sinta Raiva?

Dia
3

Reflita

sobre seus 3

maiores medos

na vida!

Reflita sobre seus
3 maiores medos na vida!

Quais sentimentos fizeram parte do dia mais importante de sua vida? Que dia foi este?

Dia
4
Quais sentimentos fizeram parte do dia
mais importante de sua vida? Que dia foi este?

Qual é sua definição de sucesso? Por que entende que isto é sucesso?

Qual é sua definição de sucesso?
Por que entende que isto é sucesso?

Dia
6

Quem são
as 3 pessoas mais
importantes
de sua vida?
Por que são
elas?

Quem são as 3 pessoas mais importantes de sua vida? Por que são elas?

Quais suas melhores recordações da época de infância? Reflita porque são tão boas.

Quais suas melhores recordações da época de infância? Reflita porque são tão boas.

Quais suas piores recordações da época de infância? Por que foram ruins?

Quais suas piores recordações da época de infância? Por que foram ruins?

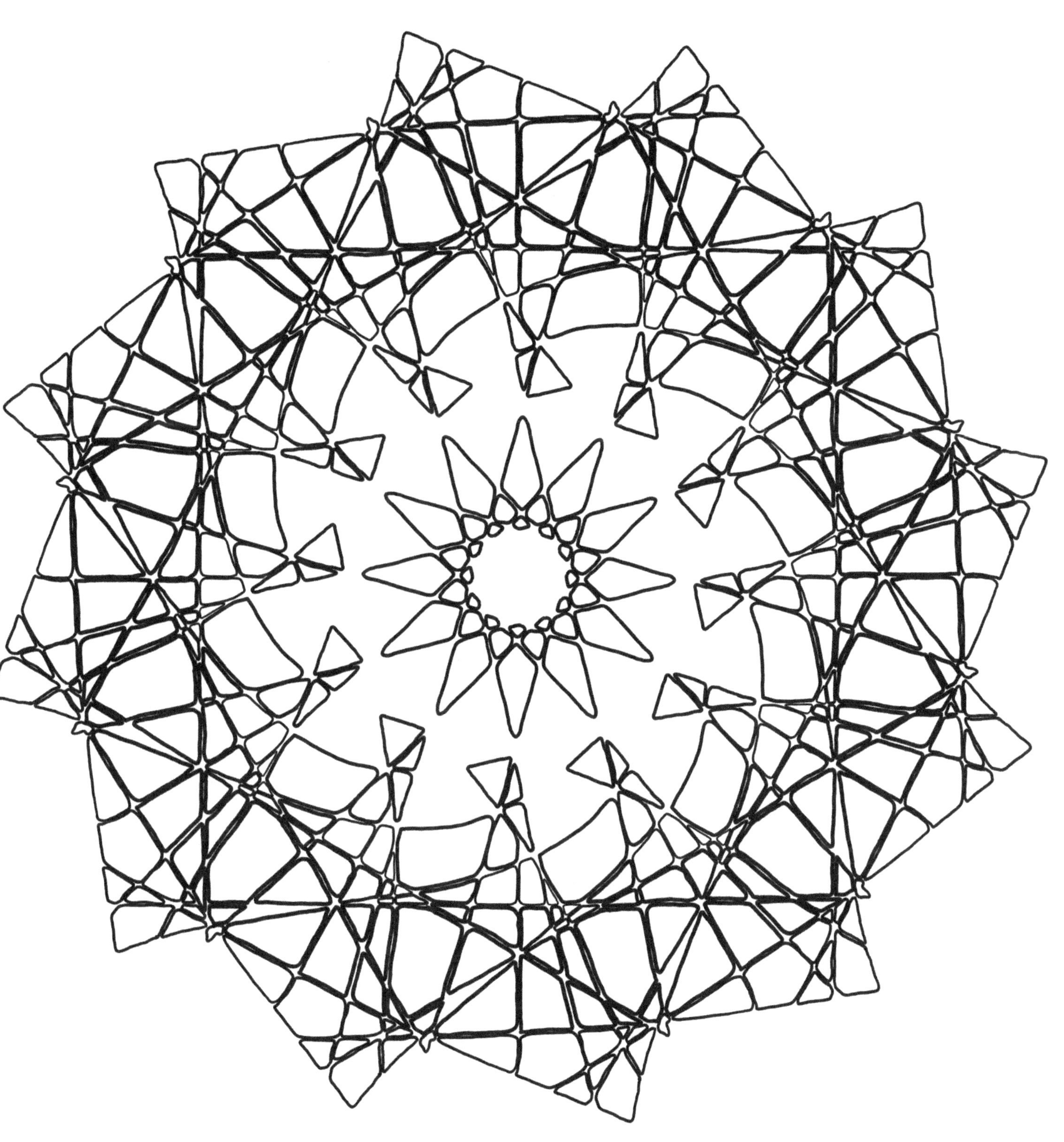

Dia
9

Quais
suas maiores
frustrações
na Vida?

Dia 9

Dia 10

Quais seus principais objetivos? A vida que está levando te direciona para alcançar estes objetivos?

Quais seus principais objetivos? A vida que está
levando te direciona para alcançar estes objetivos?

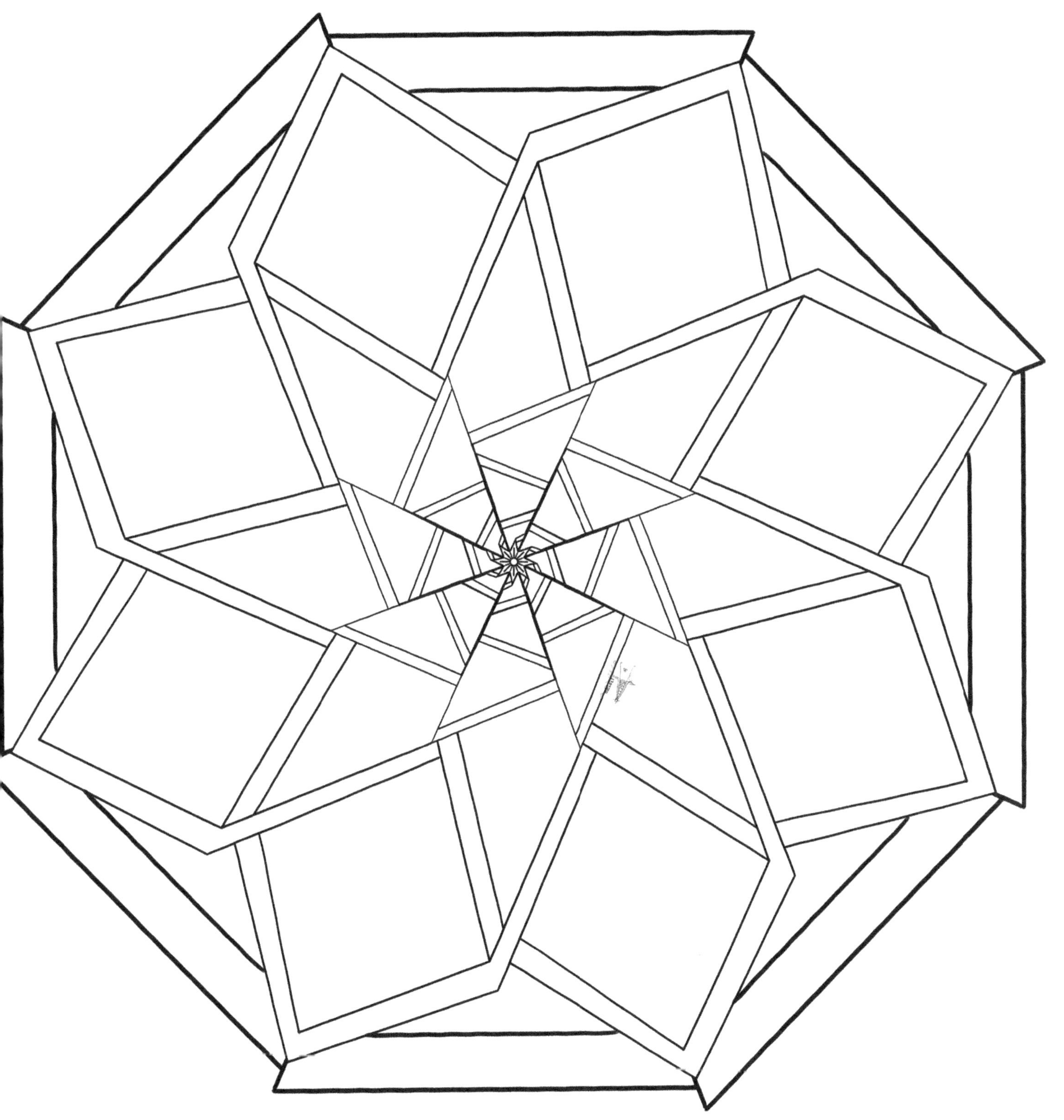

Como você se vê daqui a 5 anos? O que almeja ter iniciado, conquistado ou concluído até lá?

Como você se vê daqui a 5 anos? O que almeja ter iniciado, conquistado ou concluído até lá?

Dia
12

Qual seu maior segredo? Ele será importante daqui a 15 anos?

Qual seu maior segredo?
Ele será importante daqui a 15 anos?

Dia
13

Se hoje fosse seu último dia de vida, qual (quais) seriam seus arrependimentos?

Se hoje fosse seu último dia de vida, qual (quais)
seriam seus arrependimentos?

Dia
14

Reflita como tem cuidado de seu corpo. Considere suas escolhas alimentares, prática de atividades físicas, nível de estresse, etc.

Reflita como tem cuidado de seu corpo.
Considere suas escolhas alimentares, prática de
atividades físicas, nível de estresse, etc.

Dia
15

Quais fatores considera que são ideais para ter uma vida plena? O que te impede de ter estes fatores em sua vida?

Dia 15

Quais fatores considera que são ideais para ter uma vida plena? O que te impede de ter estes fatores em sua vida?

Dia
16

Quais são suas principais qualidades? Pense com carinho e elenque ao menos 4.

Dia
16

Quais são suas principais qualidades?
Pense com carinho e elenque ao menos 4.

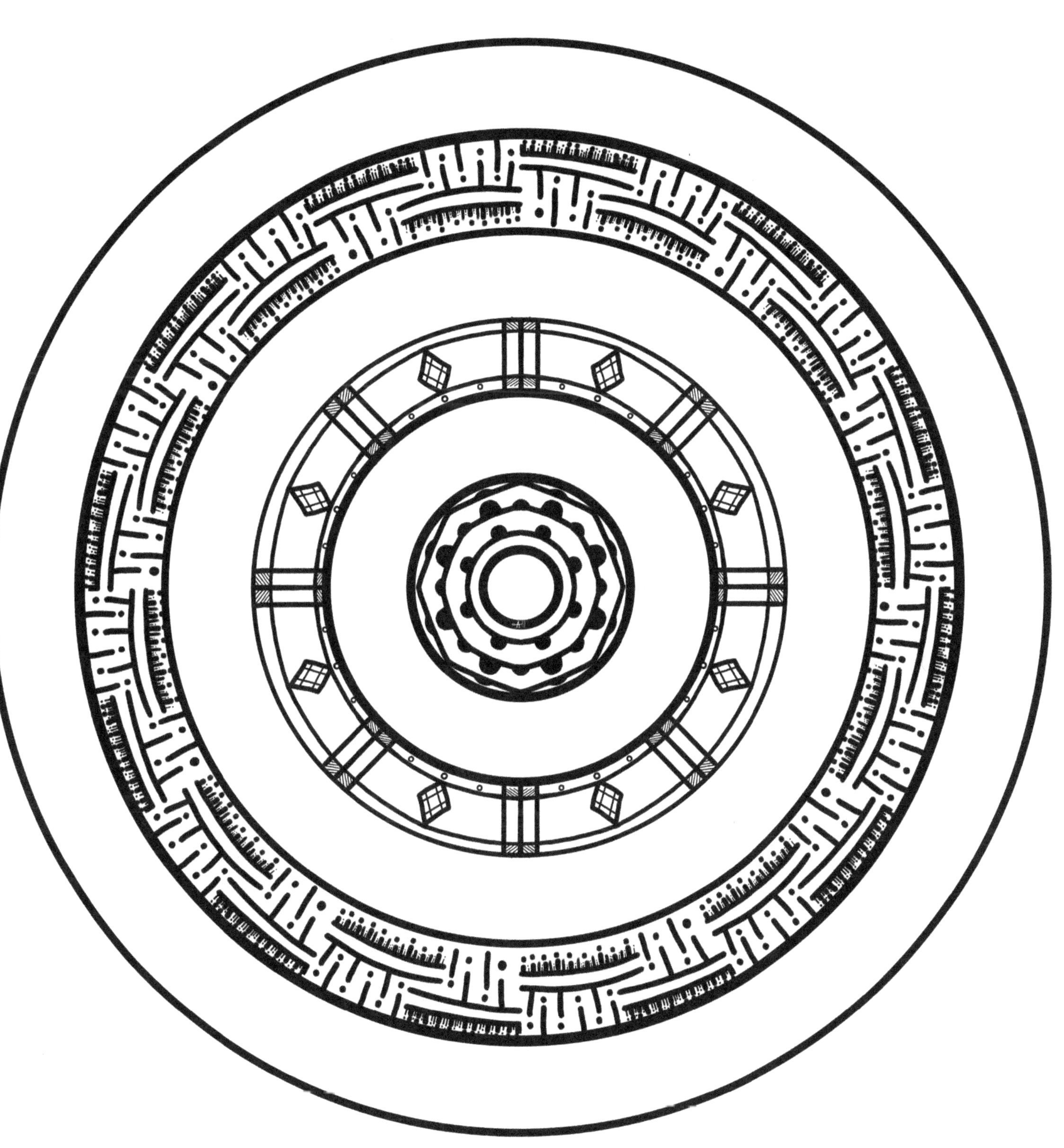

Como sente
que está sua conexão
com a espiritualidade?
Você tem alguma
fé?

Dia
17

Como sente que está sua conexão com a
espiritualidade? Você tem alguma fé?

Qual foi o maior desafio a ser superado em sua vida nos últimos tempos? Como se saiu?

Qual foi o maior desafio a ser superado em sua vida nos últimos tempos? Como se saiu?

Pense sobre uma renúncia significativa que fez em prol de outra pessoa. Por que tomou esta decisão? Faria isso novamente?

Dia 19

Pense sobre uma renúncia significativa que fez em prol de outra pessoa. Por que tomou esta decisão? Faria isso novamente?

Dia
20

Qual o perdão que precisa dar, mas sabe que ainda não conseguiu? O que tem feito a respeito deste sentimento?

Qual o perdão que precisa dar, mas sabe que ainda não conseguiu? O que tem feito a respeito deste sentimento?

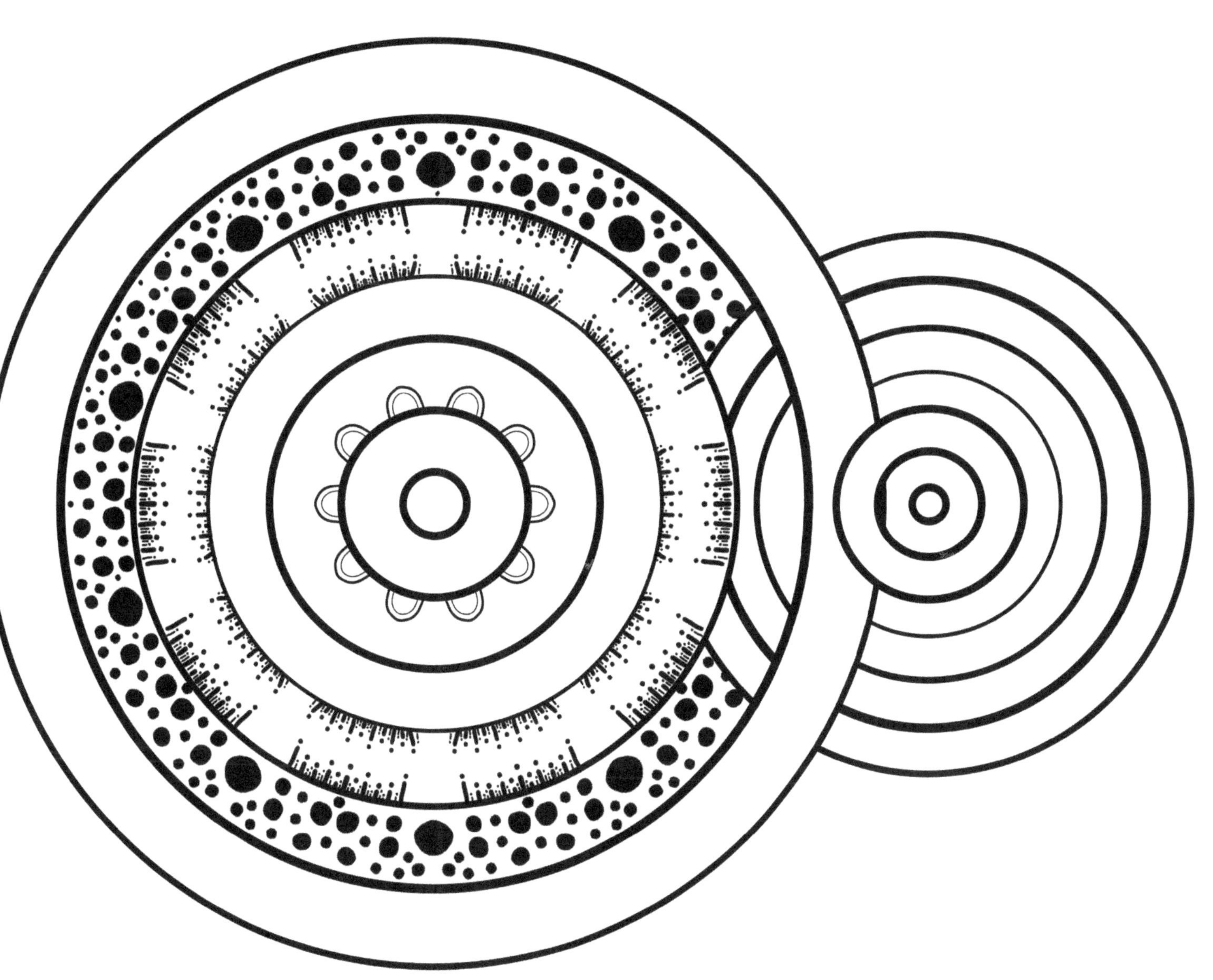

Dia
21

Quais conflitos
estão presentes neste
momento de
sua vida?

Quais conflitos estão presentes neste momento de sua vida?

Quais características menos te agradam nas outras pessoas? Como se sente diante destas características?

Quais características menos te agradam nas outras pessoas? Como se sente diante destas características?

Dia
23

O que gosta
de fazer em seus
momentos de lazer?
Quais atividades
te inspiram?

O que gosta de fazer em seus momentos de lazer?
Quais atividades te inspiram?

Quem é a pessoa que você mais procura aprovação? Quais características mais marcantes esta pessoa possui?

Dia
24

Quem é a pessoa que você mais procura aprovação? Quais características mais marcantes esta pessoa possui?

Dia
25

O que é fracasso pra você?

Dia 25

Dia
26

Você costuma dizer "NÃO" com a frequência que considera necessário? Caso negativo, quais fatores te impedem de se posicionar?

Você costuma dizer "NÃO" com a frequência que considera necessário? Caso negativo, quais fatores te impedem de se posicionar?

Dia
27

Costuma respeitar o espaço e tempo das outras pessoas? Você respeita e faz com que respeitem seu próprio espaço e seu tempo?

Costuma respeitar o espaço e tempo das outras pessoas? Você respeita e faz com que respeitem seu próprio espaço e seu tempo?

Como definiria seu relacionamento amoroso atual ou passado ? Se fizer um balanço, tem conseguido realizar parcerias positivas?

Como definiria seu relacionamento amoroso atual ou passado? Se fizer um balanço, tem conseguido realizar parcerias positivas?

Dia
29

Que avaliação pode fazer sobre os recursos (materiais, financeiros, acessos, oportunidades) que tem na vida?

Que avaliação pode fazer sobre os recursos (materiais, financeiros, acessos, oportunidades) que tem na vida?

Dia 30

Qual principal lição tem ressurgido em sua vida nos últimos 5 anos? Consegue identificar algo que poderia fazer de forma diferente?

Qual principal lição tem ressurgido em sua vida nos últimos 5 anos? Consegue identificar algo que poderia fazer de forma diferente?